AF455958

LETTRES
SUR
LA VIEILLESSE.

LETTRES

SUR

LA VIEILLESSE.

PAR J. H. MEISTER.

> Τὸ γὰρ φιλότιμον ἀγήρων μόνον.
>
> THUCYDIDE.

A PARIS,

CHEZ ANTOINE-AUGUSTIN RENOUARD.

M. DCCCX.

LETTRES
SUR
LA VIEILLESSE.

LETTRE PREMIERE.

Des fausses idées qu'on se fait en général du sort de la vieillesse.

Vous redoutez, mon cher Eugene, l'époque de la vie où toutes les illusions et toutes les espérances de la jeunesse s'évanouissent, où chaque jour nous avertit plus ou moins rudement que le dernier terme approche, et que tous les liens qui nous attachoient encore à ce monde vont être rompus. Je conçois parfaitement qu'avec les avantages que vous avez reçus de la nature et de la fortune, et dont vous avez fait jusqu'à présent un si bon usage, la vie doit vous être chère, et que la vieillesse et son cortège habituel s'offrent à votre imagination sous un aspect assez sombre. J'étois moins heureux que vous, et j'avois déja quarante ans, hélas! que je ne comprenois pas trop encore de quelle maniere on pouvoit s'arranger de la vie après cinquante ans révolus.

Aujourd'hui que je touche à la fin de mon treizieme lustre, mes idées ont fort changé. J'éprouve, avec le sentiment d'une profonde reconnoissance, qu'il n'est point d'âge dans la vie qui ne soit susceptible de bonheur. Comme il est un art de bien vivre et de bien mourir, je pense qu'il en est un autre inséparable sans doute de ceux-là, mais peut-être encore plus important et plus difficile, l'art de vieillir raisonnablement, sans regret et sans peine.

Vous avez paru desirer, mon cher Euregene, que je vous entretienne de mes recherches ou de mes expériences sur cet art si nécessaire; et il n'est, vous le savez, aucun genre de méditation qui n'intéresse davantage ma pensée, lorsque je puis m'en occuper avec vous.

On est effrayé de la vieillesse ; mais, ainsi que sur tant d'autres objets dont l'imagination s'inquiète et s'alarme, est-on bien d'accord sur ce qu'elle peut avoir de si pénible et de si redoutable? La redoute-t-on parcequ'on la considere comme l'avant-garde de la mort? Mais doit-on plus craindre en effet cette fâcheuse rencontre, lorsqu'on est vieux que lorsqu'on est jeune? Est-il même bien certain qu'il y ait beaucoup plus de chances pour arriver subitement au dernier terme dans une époque de la vie que dans une autre? Les calculs les plus exacts et les plus ingénieux sur les probabilités de la durée de la vie n'ont-ils pas démontré qu'il n'est point d'âge où l'on ne puisse espérer de vivre encore deux ou trois ans? C'est toute l'étendue d'un des regnes les plus heureux dont l'histoire nous ait conservé le souvenir. N'est-il pas encore mieux prouvé qu'il n'est point d'âge où l'on ne coure le risque de mourir dans deux ou trois jours? ce qui devroit suffire sans doute pour humilier l'orgueil des plus vastes projets, des plus sublimes espérances de nos destinées dans ce monde.

Il est bien vrai que l'aimable fraîcheur de la jeunesse cède bientôt aux ravages du temps; qu'il n'est point de beauté dont l'âge ne fane la fleur, dont il n'éteigne l'éclat, dont il n'altere les contours moëlleux et les formes heureuses. Cependant la laideur est-elle donc l'apanage exclusif de la vieillesse, et ne paroît-elle pas plus choquante encore sur un visage de vingt ans que sur un visage de cinquante? N'a-t-on pas vu des femmes conserver dans ce dernier âge plus de charme et plus de séduction que d'autres n'en eurent jamais, même avec une figure passable, aux jours les plus brillants de leur jeunesse? Que d'accidents, de disgraces, ou d'infirmités qui peuvent atteindre la premiere jeunesse comme l'âge le plus avancé, et ne lui laisser aucune trace des avantages dont elle doit être naturellement si tentée de s'enorgueillir. Dans le nombre de ces accidents ou de ces maladies il en est même dont elle est plus particulièrement menacée qu'aucun autre âge de la vie. Demandez-le encore à l'art du peintre et du sculpteur, s'il ne peut pas exister autant d'intérêt dans une belle tête d'Anchise ou de Nestor que dans celle de Paris ou d'Antinoüs. J'ai vu des hommes prendre avec l'âge une physionomie plus intéressante, je dirois presque plus véritablement belle qu'ils ne l'avoient dans leur jeunesse, parceque les années avoient amené, pour ainsi dire, une sorte d'accord entre le caractere de leurs traits et celui de leur âge, parcequ'à cette époque leurs dispositions morales, toute leur maniere d'être, avoient répandu dans l'expression habituelle de leurs traits plus de douceur et de repos, plus de confiance et de sérénité.

Le désavantage le plus commun et le plus frappant de la vieillesse, c'est sans doute la diminution trop sensible qu'elle nous fait éprouver dans l'énergie et dans l'activité de toutes nos forces organiques et intellectuelles. Quelque générale et quelque rigoureuse que paroisse cette loi de l'humaine destinée, elle n'est cependant pas sans exception. Et qui sait? peut-être reconnoîtrons-nous un jour que c'est notre propre faute, si ces exceptions ne sont pas plus fréquentes. Vous savez que Sophocle avoit près de cent ans lorsqu'il concourut encore avec de jeunes rivaux pour le prix de la tragédie, et qu'il l'emporta sur eux. N'avons-nous pas vu de nos jours des généraux octogénaires gagner des batailles et décider du sort de toute une campagne? La Fare, Chaulieu, Voltaire n'ont-ils pas fait dans un âge très avancé des vers où l'on retrouvoit toute la vivacité, toute la fraîcheur de leur printemps? Fontenelle, presque centenaire, n'avoit-il pas encore l'esprit passablement jeune, lorsqu'il disoit à une femme qui étoit venue le voir dans une de ses dernières maladies : — Ah ! si je n'avois que quatre-vingts ans !

Je me garderai bien, mon cher Eugene, d'essayer de prouver par de pareils exemples qu'il n'y a aucun inconvénient à vieillir. Mais ce qui me paroît résulter assez clairement du petit nombre de considérations que je viens de vous rappeler, c'est que les différentes époques de la vie peuvent être également bonnes ou mauvaises, mais ne le sont point d'une maniere absolue; que les conditions auxquelles chacune d'elles nous paroît heureuse ou malheureuse ne sont point aussi nécessaires, aussi positivement invariables que l'on est porté trop souvent à le croire.

Une des premieres erreurs dont nous avons à nous défendre ici, c'est de confondre la différence réelle des âges avec celle qui n'est qu'apparente. La vieillesse est incontestablement, sous beaucoup de rapports, un état d'affoiblissement et de déclin; et, sous tous ces rapports, la jeunesse a de grands avantages sur elle, tant qu'elle se trouve dans son état naturel de croissance et de vigueur. Cependant n'est-il pas encore assez de rapports et sans doute d'assez importants sous lesquels notre être demeure toujours susceptible d'accroissement et de perfection? Chaque jour, et jusqu'au dernier inclusivement, ne peut-il pas ajouter encore aux lumieres, aux connoissances, au sentiment, à l'expérience de l'homme qui n'a jamais cessé de penser et de réfléchir?

Horace l'a si bien dit :

Multa ferunt anni venientes commoda secum,
Multa recedentes adimunt. *

Ainsi tout est compensé. Dans la jeunesse la nature a voulu qu'il y eût plus de mouvement et plus de force, plus d'audace et plus d'activité, mais aussi plus de vains efforts, plus de pénibles mécomptes, plus d'inconstance, et plus d'inquiétude; dans la vieillesse moins de jouissances vives, moins de facilité pour le travail, moins de chaleur et d'énergie, mais en revanche plus d'habitude et d'expérience, plus de repos, de suite, et de stabilité.

Il est très vrai, comme l'a dit M. de Voltaire,

Qui n'a pas l'esprit de son âge,
De son âge a tout le malheur.

Mais ce qui ne l'est pas moins, c'est que

(*) « Les années, à mesure qu'elles s'avancent, « apportent à l'homme beaucoup d'avantages; elles « lui en enlèvent beaucoup à mesure qu'elles s'éloi- « gnent. » (*Art poétique.*)

pour avoir l'esprit de son âge, il faut se préserver également du danger de vouloir être trop vieux, comme du danger de vouloir être trop jeune.

N'avons-nous pas souvent observé qu'en général, et peut-être plus particulièrement même dans ces derniers temps, on hâtoit avec une folle précipitation tout le cours de la vie. On fait cesser beaucoup trop tôt l'innocente félicité de l'enfance. Les violentes agitations dans lesquelles on passe la premiere jeunesse la font écouler plus rapidement encore; déja on vieillit, et l'on n'a connu ni tout le bonheur de la jeunesse, ni celui de l'âge mûr. Ainsi l'on a le regret de se trouver vieux sans avoir appris à l'être, et l'on risque par-là même d'éprouver ce regret de la maniere la plus pénible, et de l'éprouver long-temps.

Rien de plus ridicule sans doute que de vouloir paroître jeune quand on est vieux, de conserver les goûts, l'air et les prétentions de la jeunesse avec un front chargé de rides, la tête chauve ou grise, et les genoux déja vacillants vers la tombe. Mais ce qui ne l'est guere moins, c'est d'ajouter encore aux disgraces de l'âge en négligeant les seules ressources qui pourroient, sinon les dissimuler, les rendre toujours moins choquantes et moins désagréables pour nous-mêmes comme pour les autres. Il est une recherche particuliere d'attentions et de soins que l'on devroit s'imposer dans un âge avancé plus scrupuleusement encore que dans la jeunesse, dont les graces naturelles et le charme séduisant font excuser tant d'abandon, tant de négligences, et qui véritablement n'en a pas le même besoin.

En voulant être plus jeune qu'on ne l'est, on en paroît plus vieux, on le devient aussi réellement plutôt. Mais on court encore le même danger en se faisant vieux avant le temps, en laissant prendre à la vieillesse plus d'empire sur soi que l'ordre de la nature et de nos destinées l'exigent.

Des maximes qu'on entend répéter tous

les jours et même avec l'air d'une sagesse consommée, c'est que parvenu à un certain âge, il ne faut plus songer qu'au repos, se retirer du monde, et se préparer tranquillement à voir arriver le dernier terme. Il est peu de maximes dont on ait plus abusé, dont on ait fait une application plus déraisonnable et plus nuisible.

Sans doute il faut renoncer à tous les genres d'occupation et d'activité pour lesquels l'âge ne nous laisse que peu de ressources et peu d'aptitude. Mais il en est encore un assez grand nombre qui conviennent au vieillard comme au jeune homme; il en est même qui, sous quelques rapports, devroient lui convenir encore mieux. D'abord tous les travaux dont il a contracté une longue habitude, qui n'exigent ni beaucoup de chaleur d'imagination, ni beaucoup de force ou de souplesse organique, tous ceux dont l'expérience, une plus grande maturité de jugement, un esprit calme, l'absence de toute agitation trop vive, de toute illusion trop séduisante, peuvent le plus sûrement garantir le succès.

Il est, j'en conviens, une époque de la vie où l'on ne peut guère se flatter d'acquérir des connoissances tout-à-fait nouvelles, encore moins de nouveaux talents, trop heureux de ne pas perdre entièrement jusqu'au souvenir, jusqu'au goût de ceux dans lesquels on avoit le plus excellé dans sa jeunesse. Mais je ne connois point d'âge où l'on ne puisse ajouter au genre de connoissances dont on s'est occupé toute sa vie, et que l'on a continué de suivre et de cultiver. Quelquefois encore, et j'en ai fait moi-même l'expérience, on peut reprendre, si ce n'est avec beaucoup de fruit, du moins avec beaucoup d'intérêt, des études auxquelles on s'étoit appliqué dans sa jeunesse, mais dont on avoit été long-temps détourné par d'autres devoirs ou par d'autres goûts.

Toujours est-il certain que la plupart des

hommes ne deviennent incapables, avec l'âge, de toute espèce d'occupation ou de travail, que parcequ'ils ont eu le tort d'y renoncer volontairement ou par indolence ou par un faux calcul. Ce qui n'est pas moins sûr encore, c'est que ce prétendu besoin de repos qu'on veut supposer à la vieillesse, lorsqu'il passe de certaines bornes, est justement ce qui en hâte, ce qui doit en hâter de la maniere la plus funeste le mal-aise et les inconvénients, les fatigues, et l'ennui. L'exercice et le mouvement sont des conditions indispensables pour la conservation de nos forces; l'exercice de nos facultés intellectuelles et morales, lorsqu'il est en rapport avec le degré d'énergie qui leur reste, n'est pas moins favorable à la santé du corps qu'à celle de l'esprit. L'exercice plus animé de ces facultés intellectuelles et morales semble même suppléer en quelque sorte à celui que l'état de nos forces physiques ne supporte plus. C'est une expérience dont on a pu reconnoître la vérité dans plus d'une circonstance, et dans la force de l'âge comme à son déclin le plus sensible.

L'homme qui, sans se lever de son fauteuil, médite ou calcule plusieurs heures de suite avec une contention soutenue, finit par éprouver une fatigue aussi réelle, un aussi grand besoin de réparer ses forces physiques, que si, durant le même temps, il ne s'étoit livré qu'à de violents exercices de corps. Il semble donc que c'est précisement lorsqu'en raison de l'âge le corps ne peut plus avoir beaucoup d'activité, que nous devrions en être plus empressés de conserver du moins à notre esprit toute celle dont il est encore capable sans fatigue et sans excès. Comme on pense mieux lorsqu'on est bien nourri, peut-être digere-t-on aussi beaucoup mieux lorsqu'on a bien pensé. L'énergie et l'élasticité de nos forces physiques et de nos forces morales s'entretiennent, se reposent, et se raniment mutuellement par un exercice sage et modéré.

Je ne prétends pas disputer à la jeunesse la vivacité de ses jouissances, mais je vous prie, mon cher Eugene, de ne pas oublier quelle douceur peut donner à nos affections le charme d'une longue habitude, celui d'une confiance intime et profondément éprouvée. S'il est des plaisirs que gâte la réflexion, n'en est-il pas aussi dont elle augmente sensiblement le prix, dont elle assure et dont elle prolonge évidemment la durée?

Les plus brillantes illusions de la vie présente, quelque étendue que puisse leur rêver l'orgueil d'un jeune homme, peuvent-elles se comparer à celles dont le vieillard a tant d'intérêt à s'occuper, et auxquelles le recueillement habituel de ses méditations, l'emploi de sa journée, le calme de ses veilles, plus longues et plus fréquentes, semblent si naturellement favorables?

Les maladies, les infirmités sont de tous

les âges, mais elles accablent moins la jeunesse, quelquefois elles paroissent même la rendre plus intéressante. Si les maladies et les infirmités de la vieillesse n'offrent ni les mêmes ressources ni les mêmes espérances, communément du moins elles sont entourées de plus de secours, de plus de consolations, de plus de soins. Et quels maux de notre destinée actuelle la perspective rapprochée du dernier terme ne devroit-elle pas faire supporter avec autant de courage que de résignation?

Rien de plus aimable, de plus ravissant dans la nature que la force et la santé de la jeunesse. Mais combien l'éclat en est fragile! combien la fleur en est passagere! La force et la santé du vieillard portent l'empreinte d'un caractere plus durable et plus imposant. Symbole et gage respecté de la sagesse et de la modération d'une vie entiere, l'imagination y voit l'heureux monument d'une longue existence et se persuade aisément qu'après avoir résisté tant d'années aux ravages du temps, cette même force y résistera toujours, au moins longtemps encore.

En effet, sous plus d'un rapport, il y a dans la maniere d'exister de la vieillesse quelque chose de plus ferme et de plus assuré que dans celle de la jeunesse, plus de calme, et plus de stabilité. A cet âge la fortune, la considération, sont tout ce qu'elles peuvent devenir; et l'on doit supposer raisonnablement que rien n'a été négligé pour leur donner toutes les garanties dont un bien de cette nature peut être susceptible. Les souvenirs sont une richesse plus réelle, plus certaine que les espérances, et ce genre important de richesses ne doit-il pas être beaucoup plus considérable dans un âge avancé que dans les premieres époques de la vie? Enfin, que d'inquiétudes, de vœux inutiles, de vains efforts de moins à l'âge qui ne permet plus d'ignorer à quelles entreprises, à quels projets, à quelles prétentions frivoles il convient désormais de renoncer!

LETTRE II.

Des relations de la vieillesse envers les autres âges de la vie.

UNE sage distribution du travail et du repos, une heureuse alternative de calme et d'activité, un choix éclairé du genre et du degré d'exercice le plus convenable à la nature de nos forces physiques et morales, est une condition essentielle au bonheur de tous les âges. Mais c'est justement dans les deux époques où cette condition paroît le plus indispensable, qu'elle est en général le plus mal observée et le plus mal remplie, l'enfance et la vieillesse.

On croit assez communément, sur-tout depuis nos nouvelles théories sur l'éducation, que l'unique destinée de l'enfance est de se voir amusée. On pense que la vieillesse au contraire doit se résigner de bonne grace aux ennuis comme à l'indolence d'une vie tout-à-fait passive. On a deux fois tort, ce me semble. L'ennui n'est bon pour aucun âge; l'amusement n'en est plus un, lorsqu'il n'est interrompu par aucune espece de gêne ou d'application sérieuse. L'enfant doit être préparé de bonne heure, autant que le permet le développement de ses forces, à porter facilement le fardeau de la vie, à remplir un jour les devoirs d'un état plus ou moins pénible, et par conséquent à surmonter les obstacles et les dangers qui l'attendent dans les différentes carrières qu'il peut être appelé à parcourir.

Quel sera le sort de l'homme qui, dans son enfance, n'aura jamais senti le joug d'une dépendance nécessaire à la conservation de ses forces, plus nécessaire encore à celle des forces dont il aura besoin pour résister à l'adversité? Quel sera le sort de l'homme qui n'aura point appris dès son enfance à se soumettre à certaines regles positives, même avant d'en pouvoir comprendre l'utilité, à lutter contre les circonstances comme à leur céder, à sacrifier ses plaisirs du moment comme à les acheter au prix de ses peines, de tous les efforts qu'on peut raisonnablement exiger de son âge et de son obéissance? Où se bornera le triste développement de ses facultés, si, loin de l'accoutumer par degré, et sur des objets qui sont à sa portée, au plus haut point de contention d'esprit dont il peut être capable, on se contente de faire de son instruction un simple passe-temps, une espece de jeu purement mécanique, plus propre à distraire, à bercer l'attention, qu'à la réveiller, à la soutenir, à la fixer avec une intensité réelle et vraiment profitable.

Il ne faut pas sans doute que la gêne imposée à ce premier âge de l'homme aille au-delà du but, jusqu'à une espece d'asservissement qui dégraderoit la dignité de son être et de sa destinée ; au lieu de tendre plus fortement le ressort naturel de ses facultés, elle finiroit par le relâcher ou le briser entièrement. Il ne faut pas même que l'application imposée à la foiblesse de cet âge soit prolongée au point d'amener la lassitude et le dégoût. Mais entre ce danger et celui d'une habitude continuelle de distraction, d'amusement, ou d'inertie totale, la distance est grande ; elle l'est assez pour qu'il ne soit pas difficile d'y tenir un juste milieu.

L'art de connoître et de saisir en tout ce sage milieu ne devroit-il pas être l'apanage particulier de la vieillesse? Qui mieux que le vieillard devroit savoir, grace à sa longue expérience, la juste mesure de ses forces, le genre et le degré d'exercice auquel il peut les employer le plus heureusement? Néanmoins il est encore ici plus d'une illusion, car il en est malheureusement pour tous les âges et pour toutes les circonstances de la vie ; il en est plus d'une fort dangereuse dont il ne sauroit trop se garantir.

Ce qu'on a fait long-temps avec une sorte de succès, ce qu'on a conservé l'habitude de faire avec plus ou moins d'affection, plus ou moins de facilité, l'on croit trop aisément pouvoir le faire toujours ; et pour être fort naturelle, cette erreur n'en a pas moins d'inconvénients, ne nous en expose pas moins à de fâcheux mécomptes. Il est peu d'écrivains de vers et de prose qui n'aient besoin tôt ou tard de l'avertissement que l'archevêque de Grenade demandoit avec tant d'instance à son confident Gil-Blas ; il en est bien moins encore qui soient capables de le recevoir beaucoup mieux que ne le fit l'archevêque, en dépit de tous les ménagements dont l'imprudente franchise de Gil-Blas avoit essayé de l'envelopper. Avant la premiere représentation d'Irène, M. de Voltaire disoit à ses amis :

— Je renonce à la faire jouer, si la piece ne vaut pas mieux que Zaïre. Quelque polies qu'eussent été les formes d'un doute, n'auroient-elles pas risqué d'être mal accueillies ?

On ne doit jamais cesser d'exercer ses forces depuis le moment où elles commencent à se développer jusqu'au moment où leur développement va s'arrêter et s'éteindre. Mais dans la vieillesse comme dans l'enfance, la prudence exige qu'on ne fasse point d'efforts superflus ou nuisibles, et dont les suites fâcheuses seroient trop difficiles à réparer ; qu'ainsi l'on demeure toujours en deçà du terme qu'on ne dépasseroit pas impunément.

Est-ce un bon ou un mauvais génie qui dans ce moment me tire l'oreille, et m'avertit que pour avoir fait de la morale toute ma vie, je n'en dois pas moins craindre que celle que je puis faire aujourd'hui n'ennuie mes amis bien plus vîte que celle dont j'osois les entretenir il y a vingt ans?

Ce que j'ai craint dans l'âge heureux de la plus grande confiance, vous croyez bien, mon cher Eugene, que je le crains encore plus dans ce moment. Mais d'abord j'ose compter beaucoup sur votre douce indulgence; ensuite je me persuade aussi qu'en essayant de recueillir avec franchise et simplicité les observations et les résultats d'une vieille expérience, j'ai justement choisi l'espece d'occupation qui paroît le plus à la portée de mon âge.

L'activité, ce me semble, qu'en général du moins la vieillesse ne devroit pas tarder à s'interdire, est celle qui se porte trop au dehors, qui tend à faire de l'effet, qui ne sauroit se passer d'un théâtre quelconque. Les rapports d'un vieillard avec les générations qu'il a vu naître laissent toujours entre elles et lui des distances qui doivent être respectées de part et d'autre. Il est dangereux de chercher à les rapprocher; il est dangereux aussi de vouloir les franchir. On ne peut vivre avec ses successeurs comme avec ses contemporains, avec ses neveux comme avec ses ancêtres. Mais en observant ce qu'ils se doivent mutuellement de confiance et de réserve, d'égards et d'indulgence, les différents âges de la vie peuvent se rencontrer, même encore se plaire comme s'entr'aider, avec beaucoup d'avantage et de bonheur.

J'ai souvent été touché de l'espèce de sympathie que la nature se plut à ménager entre la vieillesse et l'enfance. Les foiblesses et les besoins de ces deux âges s'inspirent une confiance réciproque. Ils en paroissent plus disposés à se supporter l'un l'autre avec autant d'intérêt que de patience et de douceur. L'enfant, en regardant un vieillard, admire l'éternité de l'espece humaine. Le vieillard, en caressant l'enfance, embrasse toute l'étendue de ses destinées, et respire encore l'air pur du matin de la vie.

L'enfant, en écoutant les leçons de la vieillesse, croit entendre la sagesse des siecles. Le vieillard, en instruisant l'enfance, recommence et rajeunit ses propres pensées.

On dit que les peres ont en général plus de tendresse pour leurs enfants de la seconde génération que pour ceux de la premiere; et l'on attribue volontiers cette préférence à des motifs qui n'honorent guere la bienveillance naturelle du cœur humain. Les soupçons de la malignité n'ont été que trop souvent justifiés par de tristes résultats. Mais sans m'engager ici dans l'examen de ces motifs plus ou moins secrets, plus ou moins odieux, j'observerai seulement que les rapports entre le vieillard et l'homme qui jouit de toute la vigueur de ses forces, de toute la plénitude de son existence, peuvent se trouver hérissés en effet de beaucoup d'embarras et de contrariétés. C'est entre la maniere de voir et de sentir de ces deux âges qu'existent la plus grande divergence et les oppositions les plus tranchantes. L'un croit voir dans la vie une vaste étendue devant lui; pour l'autre, cet horizon se resserre tous les jours davantage. L'un n'est jamais trop pressé d'agir, parcequ'il se sent les moyens d'une activité plus énergique et plus prompte. L'autre, pour ne pas arriver trop tard, s'inquiete de ne pouvoir agir assez tôt, et précipite souvent le mouvement que ses craintes ou sa foiblesse avaient trop long-temps arrêté, trop long-temps ralenti. L'un est sujet à des passions vives, l'autre à des habitudes opiniâtres. L'un croit maîtriser les circonstances; et souvent, à force de le croire, il y réussit. L'autre est plus accoutumé à céder aux circonstances, et se laisse plus facilement subjuguer par elles. Parceque le temps a plus ou moins amorti le feu de ses passions, il s'applaudit d'avoir plus d'empire sur lui-même, et s'indigne volontiers des fautes où les autres peuvent être entraînés par le seul genre de foiblesses qu'il n'a plus. Il seroit aisé d'étendre ce parallele plus loin. Mais nous en avons dit assez pour faire voir à quel point les dispositions de l'âge mûr et celles de la vieillesse doivent avoir de la peine à se concilier, et que ce n'est qu'à force d'égards et d'indulgence mutuelle que leur accord peut se former et se soutenir.)

Ces réflexions, qui m'affligeroient beaucoup, mon cher Eugene, si le souvenir de votre amitié ne venoit en adoucir l'amertume, confirment, ce me semble, plus fortement encore ce que j'ai dit tout-à-l'heure sur l'espece d'activité que la vieillesse ne doit pas tarder à s'interdire.

Il ne faut pas se jeter dans la foule lorsqu'on n'a plus assez de force pour empêcher qu'elle ne vous entraîne ou ne vous renverse. Les paisibles occupations de l'étude et de la vie domestique conviennent infiniment mieux au vieillard que celles du grand théâtre de la société. Si le devoir ou d'impérieuses circonstances ne l'obligent pas d'y garder son rôle jusqu'à la fin, il fera sagement de le quitter avant d'être averti qu'il en est temps par de pénibles leçons. Dans le cas où les devoirs de son rang et de sa naissance, ou quelque autre arrêt des destinées, ne lui permettent pas de fixer à son choix l'instant de la retraite, je le trouve d'autant plus à plaindre qu'il n'est aucun moyen d'appuyer ou de suppléer les ressources dont il sent le déclin, qui n'ait de grands inconvénients pour la chose publique et pour lui-même.

Qui pourroit refuser à Louis XIV une larme d'admiration et de pitié, lorsque le maréchal de Villeroi, reparoissant à la cour après avoir perdu la bataille de Ramillies, ce monarque s'empressa d'aller au-devant de lui, et, loin de lui faire des reproches, lui dit : — M. le maréchal, on n'est plus heureux à notre âge? — Hélas! le premier secret pour être heureux à cet âge, c'est de ne plus trop prétendre à l'être, de resserrer les voiles, et de côtoyer modestement le rivage, au lieu de s'exposer en pleine mer*.

(*) On est loin cependant de vouloir combattre ici le sentiment de Plutarque, qui, en examinant avec beaucoup de sagesse si l'homme d'âge se doit encore entremettre et mêler des affaires publiques, blâme hautement les gens qui veulent que ceux qui ont été nourris toute leur vie aux affaires, quand la vigueur de l'âge est passée, demeurent assis et se retirent en leurs maisons à ne rien faire, laissant éteindre et consommer la vertu active par la paresse, ni plus ni moins que la rouille gâte le fer. Il confirme son opinion par l'exemple de Périclès, dont le gouvernement, dit-il, eut sa plus grande force et vigueur en sa vieillesse, lorsqu'il persuada aux Athéniens de hardiment entrer en la guerre péloponnésiaque; par celui du roi Agésilas, qui ne fut jamais plus formidable aux ennemis qu'étant tout au bout de son âge. Qui estoit, dit-il, celui qui assuroit les alliés et les confédérés? sinon Agésilaüs, combien qu'il fût déja sur le bord de sa fosse et près de la fin de ses jours!

Le cours des années, quelque paisible qu'il puisse être, suffit seul pour nous isoler, en nous privant successivement de nos premieres relations avec la vie, des goûts

Plutarque tâche de prouver ensuite qu'il y a beaucoup de plaisirs parmi les travaux des charges publiques, et que ce sont même ces plaisirs-là qui conviennent le mieux à la vieillesse; que l'envie s'attache beaucoup moins à la vieillesse qu'à tout autre âge : accoutumée à la gloire d'un homme, elle la porte doucement, et ne s'en fâche ni ne s'en tourmente plus : C'est pourquoi, dit-il, quelques uns comparent l'envie à la fumée; car elle est grosse et espesse du commencement que le feu commence à prendre; mais après qu'il est tout allumé et clair, s'en va.

Je conclus « Que celuį qui après avoir combattu longuement à l'encontre de l'envie, se retireroit à la fin de l'administration publique, quand elle seroit appaisée et presque toute amortie et esteinte, feroit ne plus ne moins que un pilote qui en tourmente, ayant vent et marée contraire, auroit cinglé et navigué en grand danger, et puis quand le beau temps et le doux vent seroient venus, cheret des besoins, comme des forces de la jeunesse. C'est un cours irrésistible auquel nous ne pouvons rien opposer, si ce n'est une résignation réfléchie, et la seule activité qui semble ne dépendre que de nous, cette activité intérieure dont l'énergie devroit augmenter en raison même des pertes de celle qui nous avoit si souvent distraits, et à laquelle nous avons senti la convenance ou la nécessité de renoncer.

cheroit à se mettre à l'abri et à l'ancre, abandonnant avec les actions publiques, les compagnies, alliances et intelligences qu'il avoit avec ses amis; car plus il y a esté de temps, et plus il y doit avoir fait d'amis et de compagnons.... ni n'est pas aussi raisonnable qu'il les abandonne : ains comme il n'est pas aisé d'arracher un arbre vieil et ancien, aussi n'est-il pas une vie civile en administration publique, laquelle doit avoir fait plusieurs grandes racines et s'être entrelacée en plusieurs grandes affaires, lesquelles donnent plus de troubles et de harassements à ceux qui s'en retirent qu'à ceux qui y demeurent », etc.

(*Oeuvr. mor.*, trad. d'Amyot, p. 456, 463).

L'impression que font sur nous les objets extérieurs après un certain âge, étant à l'ordinaire moins vive et moins forte, elle n'y laisse aussi que des traces plus légeres et plus fugitives. Peut-être est-ce un des moyens ménagés par la Providence pour épargner à la vieillesse les peines qu'elle n'auroit plus la force de supporter. Mais il en résulte aussi pour elle la nécessité d'appuyer davantage sur le trait qu'elle veut fixer dans sa mémoire. Le vieillard a besoin, comme l'enfant, de se répéter souvent les choses qu'il est encore à portée d'apprendre, et qu'il a quelque intérêt à retenir. Mais il doit se garder en même temps de répéter aux autres ce qu'ils savent depuis long-temps, ce que lui-même risque de leur avoir déja dit plus d'une fois. D'utiles répétitions pour nous-mêmes dégénèrent trop aisément en redites ennuyeuses pour les autres.

Si la vieillesse est plus lente à tout ce qu'elle fait, n'a-t-elle pas aussi pour le faire plus de loisir que la jeunesse? D'abord, lorsqu'on est vieux, communément l'on dort beaucoup moins; et les veilles, qui viennent interrompre les heures du sommeil, n'offrent-elles pas des moments très favorables au genre de méditations le plus digne d'intéresser cet âge comme le plus propre à le consoler? La journée du vieillard n'est-elle pas aussi beaucoup plus longue que celle du jeune homme, grace à tous les devoirs comme à tous les plaisirs dont le temps et les générations qui lui succedent ont pris soin de le débarrasser? L'espèce de loisir qu'on lui laisse lui deviendroit même fort aisément à charge, s'il ne s'étoit pas ménagé de bonne heure de grands et de petits moyens de l'employer. C'est dans ce sens qu'il n'est point d'époque de la vie peut-être où nous ayons plus besoin d'amusement, et où ce besoin d'amusement soit plus excusable, pourvu qu'il n'incommode et n'importune point tout ce qui nous entoure. On se préserve plus sûrement de ce dernier malheur en continuant de vivre dans le monde, et d'en suivre les usages sans trop d'empressement et de prétention, qu'en prenant trop tôt le parti de se séquestrer tout-à-fait de la société, de ne s'entourer que d'êtres dépendants de ses caprices, ou de ne vivre qu'avec soi-même.

Si l'on ne peut pas toujours agir et penser, même dans la vigueur de l'âge, sans doute on le peut encore moins dans la vieillesse ; et le seul sentiment de l'existence, quelquefois si doux, est trop près de nous paroître un tourment, lorsqu'on est réduit à n'éprouver que la difficulté d'être, au lieu d'en éprouver le charme heureux et facile. C'est donc au vieillard qu'il est permis

Nunc veterum libris, nunc somno et inertibus horis,
Ducere sollicitæ jucunda oblivia vitæ... *

(*) « Tantôt par la lecture des anciens, tantôt

« par le sommeil, tantôt par de frivoles passe-
« temps, d'appeler le doux oubli des inquiétudes
« de la vie. »

LETTRE III.

De l'espece de bonheur, d'activité, d'ambition à laquelle cet âge doit se borner.

De séveres moralistes ont dit qu'il falloit toujours vivre comme on desireroit avoir vécu le dernier jour de sa vie. Ils ont eu raison; mais peut-être est-ce trop exiger du commun des hommes. Ne leur épargneroit-on pas assez de folies et de regrets, si l'on obtenoit d'eux seulement de ne pas faire ce qu'ils seront très fâchés d'avoir fait quelques années, quelques jours, que dis-je? quelques heures, quelques instants après qu'il sera tout-à-fait impossible d'en prévenir ou d'en réparer le tort?

Il seroit insensé de vouloir empêcher l'enfance, la jeunesse, l'âge mûr, de jouir tour-à-tour des avantages particulièrement attachés à chacune de ces époques de notre existence. Mais ce qui ne le seroit pas moins, ce seroit d'oublier qu'il n'est guere de jours dans la vie sans lendemain ; qu'il n'est presque aucune section de ce court espace de temps qui soit indépendante de l'autre ; que toutes sont plus ou moins étroitement liées ; qu'ainsi le bonheur de l'une risque de n'être qu'une illusion funeste, s'il ne sert pas à préparer le bonheur de celle qui doit la suivre.

M. de La Rochefoucauld disoit que toutes les femmes se mettoient comme la veille, qu'il n'y avoit que madame Geoffrin qui avoit eu le bon esprit de se mettre comme le lendemain. Il y a fort peu d'hommes qui sachent faire, sous des rapports plus essentiels, le calcul que madame Geoffrin faisoit avec tant de sagesse et de goût pour sa toilette. On croit toujours être comme la veille, et l'on ne fait beaucoup de fautes que pour ne pas s'aviser assez tôt du lendemain.

Non seulement on paroît plus vieux, mais on vieillit bien réellement plutôt en se laissant entraîner d'un jour et d'une année à l'autre par la persuasion si facile et si douce, mais en même temps si trompeuse, que ce qu'on étoit hier, on l'est encore aujourd'hui. Trop certains que tout change sans cesse autour de nous, je ne sais quelle séduisante erreur nous dispose encore à croire que nous changeons toujours moins que tout ce qui nous entoure. Portés sur le courant rapide de la vie, c'est le rivage que nous voyons fuir, et nous rêvons qu'il nous laisse stationnaires.

Il est dans les différentes relations de notre existence actuelle, toute mobile et toute fugitive qu'elle est en effet, quelque chose de constant et de certain, quelque chose qui porte l'empreinte céleste d'un principe éternel ; c'est l'idée et l'amour de l'ordre, le sentiment et la loi du devoir. Tout le reste est soumis au flux et reflux continuel des événements et des circonstances; tout le reste est susceptible d'une infinité de modifications qui varient à chaque instant, dont les unes disparoissent pour toujours, dont les autres reparoissent aussi subitement qu'elles avoient disparu, au moment même où l'on s'y attendoit le moins.

C'est à ces variations perpétuelles que la vieillesse devroit être plus préparée qu'aucun autre âge, grace à sa longue expérience. Mais malheureusement c'est elle aussi qui, trop subjuguée par ses habitudes, en est le plus contrariée, lorsqu'elle n'a pas appris à résister à cette pénible influence, à force de prévoyance, de souplesse et de résignation.

L'expérience est sans contredit un des plus riches trésors de la vieillesse; mais nous courons le risque de nous laisser beaucoup trop éblouir par les brillantes ressources de ce trésor, si la prudence ne nous avertit pas à propos que le passé qui semble renaître sous nos yeux est bien rarement le même que nous avons pu voir autrefois : de nouvelles modifications, de nouvelles circonstances, quelque peu frappantes qu'elles semblent d'abord, peuvent amener des résultats fort différents ; en faisant précisément ce qu'on eût fait jadis avec beaucoup de succès, on seroit à-peu-près sûr de réussir fort mal aujourd'hui. Si les choses ne sont point comme elles étoient en elles-mêmes, elles le sont encore moins relativement à nous ; et c'est ce qu'on est le plus tenté d'oublier à l'âge où les impressions du passé sont plus fortes et plus profondes que ne le seront jamais celles du présent, quelquefois même plus vives que ne le sont celles-ci. Le moins de susceptibilité laissée à nos organes suffit, hélas ! pour produire ce singulier phénomène. Le vieillard, a tant vu le passé ; ce souvenir a tellement rempli sa mémoire et sa pensée, que le présent n'y trouve place que difficilement. Ce n'est donc qu'avec beaucoup de peine qu'il parvient encore à le voir tel qu'il est, à moins qu'il n'ait pris à tâche, qu'il ne se soit imposé de bonne heure l'habitude peu commune de suivre sans cesse le cours du temps, d'en observer les différentes phases et les révolutions successives, sans préjugé d'affection ou de systême, sans croire davantage aux vérités de la veille qu'à celles du jour.

Il est bien peu de vieillards qui ne soient difficiles sur le temps présent, et louangeurs du temps passé :

Difficilis, querulus, laudator temporis acti.

En effet, comment ne pas croire que l'horizon de la vie devoit être beaucoup plus clair et beaucoup plus serein, du temps où l'œil qui le considere étoit moins foible et moins trouble? Comment ne pas trouver qu'aujourd'hui l'espece humaine a bien moins de vigueur et d'énergie que du temps où l'on avoit encore soi-même toute celle qu'on n'a plus? Comment ne pas remarquer dans la société des femmes, comme dans celle des hommes, mille et mille torts que l'on était loin d'appercevoir lorsqu'on avait plus de moyens de jouir de leurs agréments ou de profiter de leurs faiblesses?

Le seul moyen de ne pas échouer contre ces écueils de l'âge, c'est de les reconnoître long-temps d'avance, ou pour ne pas en approcher, ou pour apprendre à les tourner heureusement, à force de soins et de précaution.

En observant combien tout change autour de nous, il n'est pas moins indispensable, quoique beaucoup plus difficile sans doute, d'observer encore soigneusement combien nous changeons nous-mêmes, afin de voir sans foiblesse, sans amour-propre, comme sans découragement et sans partialité, nos différents rapports avec tout ce qui nous environne, les altérations trop sensibles que ces rapports peuvent subir d'un jour à l'autre; quelles nouvelles discordances ou quels nouveaux accords il doit en résulter; enfin par quels sacrifices et par quels ménagements on peut prévenir les inconvénients, les adoucir ou les compenser par d'autres avantages.

Il est des combinaisons de faits et d'idées que l'on saisit encore avec assez de facilité, quelque avancé qu'on soit en âge, parce-qu'elles tiennent à d'autres combinaisons dont nous n'avons cessé de nous occuper, et dont le procédé nous est devenu très familier. Mais en conclurons-nous que notre faculté de concevoir a la même force et la même souplesse qu'elle avoit vingt ans plutôt? Des objets qui nous ont vivement affectés dans notre jeunesse nous donnent encore des émotions dont la vivacité nous étonne, et n'est pas même toujours sans embarras pour nous-mêmes comme pour les autres. Oserons-nous en conclure que notre sensibilité n'a rien perdu ni de sa premiere énergie ni de sa première chaleur? Portera-t-elle l'illusion jusqu'à nous faire croire qu'à tout âge on peut inspirer ce qu'on éprouve ou ce qu'on se flatte d'éprouver encore? Ah! n'oublions pas qu'il est des erreurs d'habitude comme il est des erreurs de surprise; que nos habitudes ont plus de durée que nos sentiments, et qu'il y a quelque danger à confondre l'habitude d'un sentiment avec le sentiment même qui l'a fait naître, et dont il ne nous reste plus guere, grace à cette même habitude, qu'un souvenir plus ou moins vif, plus ou moins profond.

A tout âge, le bonheur que nous promettent les passions est toujours fort incertain; celui qui trompe le moins nos espérances n'est-il pas encore accompagné de vives inquiétudes, précédé de beaucoup de peines et de sacrifices, suivi trop souvent de douloureux regrets et de plus cruels repentirs ? Mais ce qui distingue le plus tristement et les suites et le malheur de toute espece de passion pour la vieillesse, c'est que les obstacles qui l'arrêtent et qui la tourmentent sont plus près d'elle. La difficulté du succès tient moins à la résistance même des choses et des circonstances qu'aux dispositions intérieures de l'être qui voudroit les surmonter. Pour être folle et ridicule, la lutte n'en est pas moins digne de pitié. Dans la vigueur de l'âge, le charme inséparable des passions même les moins heureuses est de donner à celui qui les éprouve un plus vif sentiment de ses forces, de toute l'énergie et de toute l'activité de son existence : hélas ! dans la vieillesse, les passions même les plus heureuses, s'il en est encore à cet âge, ne lui donnent guere que le sentiment de sa foiblesse ; elles lui montrent le terme fatal dont il approche, et précipitent encore trop souvent le cours insensible par lequel il y seroit arrivé, si ce n'est plus tard, au moins plus doucement, sans elles.

O combien l'ordre de la nature et du devoir seroit favorable au bonheur de l'homme, si de faux systêmes ou de folles illusions ne l'empêchoient pas de s'y soumettre et de ne demander à chaque époque de la vie que ce qu'elle peut lui permettre de jouissances et de libertés, pour ne point troubler celles de l'époque qui doit la suivre! En suivant religieusement cet ordre tracé par les principes de la morale la plus simple et la plus commune, on ne craindroit point d'imposer à l'enfance l'application et le régime nécessaire pour préparer à la jeunesse tous les avantages d'une instruction réelle, avec tout le bonheur d'une santé robuste; on ne laisseroit jouir celle-ci des premiers plaisirs de la vie que lorsqu'ils ne pourroient plus nuire à l'entier développement de ses forces, des forces dont l'âge mûr aura besoin pour accomplir les devoir de sa destinée, pour en acquitter les charges, pour en supporter les peines, et pour parcourir le cercle complet de ses relations sociales avec toute la plénitude et toute l'activité de son existence. C'est du zele et du bonheur avec lequel cette grande tâche est remplie que la vieillesse recueille les seuls avantages qui puissent la dédommager de ses pertes, d'heureuses réminiscences du passé, de tendres affections, des soins aimables, et des égards respectueux, des goûts qui l'occupent et qui l'amusent, la plus douce espérance enfin qui lui soit réservée sur la terre, celle de se survivre dans le bonheur et dans le souvenir reconnoissant de tout ce qui l'entoure.

LETTRE IV.

Conseils pour prévenir les inconvénients les plus réels des dernieres époques de la vie.

Quoiqu'il n'y ait aucun âge qui ne puisse être atteint des mêmes infirmités, quel consolateur de la vieillesse oseroit nier qu'il en est de fort pénibles dont elle est particulièrement menacée? Les plus communes et les plus inséparables de toutes sont celles qui frappent sur quelque organe de nos sens, et finissent quelquefois par le paralyser entièrement. Il est peu de vieillards qui n'éprouvent sous le poids des années l'engourdissement ou l'affoiblissement plus ou moins sensible de quelqu'une de ses facultés organiques auxquelles nous devons non seulement tant de sensations vives et agréables, mais encore tant d'heureuses ressources et d'amusement et d'instruction. Il n'est que trop commun de voir avec l'âge les différents organes de l'ouie, de la vue, de l'odorat, du goût, du toucher, le plus admirable et le plus mystérieux de tous, celui de la mémoire*, languir et décroître tantôt

(*) Nous ignorons sans doute s'il est un organe particulier pour la mémoire; mais nous voyons des hommes doués très particulièrement de cette faculté, dans un degré qui paroît hors de toute proportion avec leurs autres facultés soit organiques, soit intellectuelles. Ce qui doit frapper encore tout observateur attentif, c'est le singulier rapport de la mémoire avec certaines sensations. Tel vers qu'on ne retrouvoit plus dans sa mémoire, même en le cherchant avec beaucoup d'attention, c'est sans peine qu'on se le rappelle en essayant de chanter ou seulement de réciter tout haut ceux qui le suivent ou le précedent. Ces rapports de la mémoire avec la vivacité de nos sensations ne nous expliquent que trop bien les pertes de plus

graduellement, tantôt avec une effrayante rapidité, tantôt tout à la fois, tantôt successivement l'un après l'autre. C'est cette maniere de mourir en détail avant de mourir tout entier qui faisoit dire si naïvement à notre patriarche Bodmer: — Ce n'est pas l'instant même de quitter cette demeure terrestre que je redoute, ce sont les embarras, la fatigue, et l'ennui du déménagement.

Ces tristes embarras cependant, mon cher Eugene, sont-ils tout-à-fait inévitables? Ne pourroit-on pas en prévenir une partie, et se soulager beaucoup de l'autre en la prévoyant, en s'y préparant d'avance? Comme il est beaucoup d'hommes qui, très évidemment, ont hâté l'affoiblissement de leurs facultés par l'abus qu'ils en ont fait dans la force de l'âge par des excès de tout genre, il en est sûrement aussi, peut-être

d'un genre que cette faculté risque d'éprouver dans la vieillesse.

même davantage, que l'on juge avec moins de rigueur, et qui n'en sont guere moins coupables pour n'avoir jamais excercé ces facultés avec assez de suite et d'application; d'autres encore pour avoir cessé trop tôt de les exercer et d'en jouir raisonnablement. De toutes les indulgences pour nos propres fantaisies, on est tenté de croire qu'il n'en est point de plus innocente que celle qui nous fait céder à je ne sais quel impérieux besoin de loisir et de repos. Mais tout inoffensive qu'elle semble et pour nous-mêmes et pour les autres, c'est justement à l'approche de la vieillesse que cette espece d'indulgence peut avoir le plus d'inconvénient. Ainsi j'ai remarqué souvent que les personnes qui, livrées au goût de la solitude, s'étoient accoutumées de bonne heure à ne plus porter dans la société qu'un foible desir de plaire, un léger intérêt d'obligeance ou même de curiosité, ressentoient plutôt que d'autres le décroissement progressif de la sensibilité de l'ouie.

On n'a point assez calculé combien l'intensité de l'attention peut ajouter à la sagacité naturelle de nos sens, combien l'habitude d'un exercice modéré, mais en proportion avec le degré d'énergie dont ils sont susceptibles, peut entretenir et prolonger la durée de leurs forces et de leur activité.

Je suis loin de croire moi-même avoir fait la moitié de ce que j'aurois dû desirer, de ce que j'aurois osé, peut-être espéré, de faire. Je suis également épouvanté de tout le temps perdu, comme de tout le temps trop mal employé. Mais ce goût, cette habitude d'occupation qu'heureusement on sut m'inspirer dès ma premiere jeunesse, grace au ciel et grace aux soins du meilleur des peres, je le conserve encore à présent, et je lui dois sans doute encore les plus solides ressources, les plus douces consolations de mes vieux jours. Une douce mélodie enchante encore mon oreille; un beau site charme encore ma vue. Quoique toujours foibles et déja souvent affligés de pénibles maladies, mes yeux lisent encore les caractères les plus fins sans aucun secours de l'art. Horace et Virgile, l'Arioste et le Tasse, Homere et Milton peuvent encore enchanter le loisir de mes heures solitaires. Une belle tragédie de Racine ou de Shakespear me fait éprouver, comme à vingt ans, la plus puissante des illusions,

Le doux plaisir de répandre des larmes.

Aurois-je conservé l'usage de ces différentes facultés, jouirois-je encore d'une si grande variété d'occupations, d'amusements, et de goûts, si par calcul, par système, ou par indolence, j'avois cru devoir y renoncer de bonne heure, ou si j'avois négligé du moins de m'entretenir dans cette heureuse habitude, autant que les forces et les convenances de mon âge pouvoient me le permettre?

Je ne vous cacherai point cependant, mon cher Eugene, que je suis quelquefois assez inquiet de la trop grande susceptibilité de mon cœur et de mon imagination, de ce besoin continuel d'activité qui risque fort d'être bientôt au-dessus des forces et des moyens de votre vieil ami, qui risque encore plus de s'écarter du cercle des habitudes dans lequel on est convenu que la vieillesse devoit se tenir renfermée. Rien de plus fâcheux que de se sentir averti, fut-ce même de la maniere la plus indirecte, avec tout le ménagement possible, que l'on est hors de sa sphere naturelle, à l'époque où ce que l'on devroit savoir le mieux, c'est qu'on ne sauroit en sortir impunément.

Il est un âge où le bonheur le plus innocent même prête aisément au ridicule, où par conséquent, si l'on peut se permettre de le chercher encore, ce ne doit être qu'avec une extrême réserve, et pour ainsi dire à l'ombre du silence, comme si l'on avoit à se cacher d'une bonne fortune dont il y auroit trop d'indiscrétion ou trop d'amour-propre à laisser trahir le mystere.

C'est par cette raison qu'en général les goûts auxquels on peut se livrer dans la solitude ou dans le cercle borné de sa famille et de ses amis, conviennent sans doute incomparablement mieux à la vieillesse que ceux dont on ne peut jouir que dans le monde. Il n'est guere d'assemblées brillantes et nombreuses où le vieillard ne se trouve déplacé ; il semble l'être presque également, soit qu'on l'oublie et le néglige, soit qu'il s'y fasse remarquer par la gêne et par les égards qu'il exige ou qu'il inspire. Il risque qu'on ne désapprouve sa joie comme sa tristesse, son indulgence comme sa sévérité. Le sourire d'un vieux visage n'est le plus souvent qu'une grimace. Tout ce qui dépasse la nuance d'un air satisfait et serein n'est plus en accord avec les traits de l'âge. Une expression trop sérieuse leur donne facilement un air chagrin et morose : le calme d'une heureuse confiance, une dignité simple et modeste, voilà ce qui leur sied le mieux ; voilà le moyen le plus sûr que laisse la nature à la vieillesse de cacher ou d'ennoblir les ravages du temps dont elle n'a pu la défendre : son maintien, ses gestes, et jusqu'aux formes, à la couleur de ses vêtements, tout doit être analogue à ce caractere de repos et de dignité, le seul qui puisse lui convenir.

Plus la vieillesse trouve dans le monde d'écueils ou d'obstacles contre lesquels elle risque de se heurter, moins elle y peut porter de ressources et d'agréments, et moins elle en peut attendre de retour pour elle-même qui soient encore à son usage, plus il doit nous paroître indispensable de lui ménager dans un cercle plus intime et surtout dans son intérieur des occupations et des intérêts qui la dédommagent de ceux qui n'existent plus pour elle dans le monde et qu'elle n'y pourroit plus aller chercher sans trop d'inconvénient. Le vieillard peut encore voir le monde à certaines conditions et dans certaines circonstances; mais il ne doit plus avoir la prétention d'y vivre : le présent, cette section du temps si resserrée et si fugitive pour tous les âges, semble l'être encore plus pour le sien. Plus qu'à tout autre âge, c'est dans le passé de ce monde et dans l'avenir d'un autre qu'il faut tâcher alors de jouir de tout ce qu'il reste et d'existence et d'activité.

LETTRE V.

Suite du même sujet.

Deux grandes sources de malheur dans la vie, mon cher Eugene, c'est de vouloir beaucoup trop ou de vouloir trop peu; d'avoir une infinité de petites volontés qui se croisent, se heurtent, et s'entre-détruisent mutuellement, et de n'en avoir pas une à laquelle toutes les autres soient soumises, au moins très subordonnées. Il semble qu'avec l'âge, plus indifférent sur beaucoup de choses, on devroit être moins contrarié par les mécomptes de tant de petites volontés qui trop souvent agitent et tourmentent les plus belles années de la vie, sans atteindre jamais le but auquel elles aspirent. Il semble qu'en voulant fortement ce qui seul en vaut la peine, on se trouve ainsi débarrassé d'une multitude de volontés ou de fantaisies également à chargeà nous-mêmes et aux autres. Cette absence de petites volontés presque toujours trop positives ou trop impérieuses, est certainement une des circonstances les plus propres à maintenir l'égalité d'humeur la plus desirable, à nous rendre d'un commerce agréable et facile. Cependant gardons-nous de rien exagérer, même dans les principes de conduite les plus sages. Il ne faut pas trop de volontés pour conserver le degré de calme nécessaire au bonheur de la vie; mais il en faut assez pour l'animer et pour l'intéresser jusque dans les moindres détails, parceque ces détails y tiennent toujours une place considérable. Oui, notre existence actuelle, quelque grave que soit l'idée que nous puissions et que nous devions nous faire de sa destination, n'en est pas moins étrangement composée et de grands et de petits intérêts. C'est en faisant à chacun de ses intérêts la juste part qui lui revient, que nous parvenons à les concilier, à les faire servir tous au but pour lequel ils nous ont été donnés.

Nous pardonnerons donc, s'il vous plaît, à la vieillesse l'attachement qu'elle a pour tout ce qu'elle possede depuis long-temps. Lorsque cet attachement ne passe pas un certaine mesure, n'est-elle pas assez naturelle? A l'époque où l'on vit de souvenirs, tout ce qui nous les rappelle devient précieux. Moins on ose compter sur sa propre durée, plus on trouve de plaisir à voir durer même de petites choses, à les conserver, ne fut-ce qu'en raison de ce seul intérêt. Et, lorsqu'il est si rare et si difficile d'obtenir ou seulement d'espérer de nouvelles jouissances, comment ne tiendroit-on pas davantage à celles qui nous restent? Aussi la plupart des vieillards craignent-ils de s'éloigner de leurs pénates, de se séparer des objets de leurs plus cheres affections, de leurs plus anciennes habitudes, des objets auxquels semblent tenir les derniers liens de leur existence terrestre, les souvenirs même qui leur survivront.

Une espece de bonheur tout particulier à cet âge, et j'ose en parler d'après la plus douce expérience, c'est d'être ramené par le sort après une longue absence dans le pays où l'on a passé les beaux jours de sa premiere jeunesse, et d'y retrouver les amis et les liaisons intimes qui commencerent l'intérêt de la vie. S'il est une circonstance qui puisse rajeunir notre pensée et notre sensibilité, c'est bien celle-là. Les sentiments du premier âge se réveillent; l'impression vive qu'ils nous ont laissée se communique aux sentiments que nous éprouvons encore, malgré le faix des années. Quelquefois même tout l'intervalle de temps qui s'est écoulé d'une époque à l'autre ne semble plus avoir à nos yeux que la durée et la réalité d'un songe.

Comme cette espece de bonheur est assez

rare, et qu'au contraire, soit qu'on reste dans ses foyers, soit qu'on s'en éloigne, on risque presque toujours en vieillissant de se voir enlever successivement la plus grande partie des liaisons de sa jeunesse, il est au moins de la prudence de ne rien négliger pour prévenir l'isolement qui menace trop souvent les dernieres années de la vie. Avec une ame active et sensible, avec un caractere indulgent et facile, avec une humeur douce et sympathique, on parvient à tout âge à former de nouvelles liaisons ; non pas à remplacer celles que l'on seroit trop malheureux de pouvoir oublier, mais à rendre leur perte plus supportable, à faire partager à d'autres les regrets qu'elle nous laisse, à leur inspirer même le desir de nous offrir les seules consolations dont ces regrets puissent être susceptibles.

N'est-ce pas le tendre intérêt que votre amitié, mon cher Eugene, m'a déja fait éprouver plus d'une fois.

LETTRE VI.

D'un danger qui menace la vieillesse plus sensiblement qu'aucun autre âge. Comment l'écarter, ou comment s'en consoler ?

En cherchant à développer les avantages et les ressources de la vieillesse, seroit-il permis d'oublier les torts dont on l'accuse, et dont elle paroît avoir en effet beaucoup de peine à se garantir ? Non, assurément. C'est sur-tout lorsqu'il est près d'entrer dans le port que le navigateur fatigué doit desirer de voir signaler les écueils et les bancs de sable qui l'attendent au terme de son voyage.

Le sentiment trop inquiet comme l'entier oubli de l'état de lassitude dont un grand âge est ordinairement menacé, peuvent avoir des suites également fâcheuses. Plus on se laisse aller à l'abattement, plus cet abattement augmente. Moins on a d'égard à l'épuisement réel de ses forces, plus on risque d'en hâter les funestes progrès. Ce que nous osons exiger de nous-mêmes, comme ce que nous nous permettons d'exiger des autres, est presque toujours ou trop ou trop peu.

Lorsque, d'un jour à l'autre, nous sentons plus péniblement la faiblesse et la roideur des muscles et des articulations qui servent de ressorts à l'admirable et frêle machine qu'habite notre moi; lorsque le cours du sang et de la vie qui circule dans nos veines devient de jour en jour plus lent et plus difficile; lorsque l'activité des différens organes de notre sensibilité physique et morale s'engourdit et s'émousse tous les jours davantage, à combien de plaisirs et de travaux n'est-on pas averti de renoncer!

Mais est-ce une raison pour négliger aucun de ceux qui sont encore à la portée de nos forces, à l'usage de nos besoins?

Quand il seroit vrai, comme l'a dit Voltaire, que

> Régner est un amusement
> Pour un vieillard triste et pesant,
> De toute autre chose incapable;

c'est un amusement que peu d'hommes peuvent se procurer, au moins dans le sens du poëte. Mais, en revanche, tout le monde a le droit d'y prétendre dans le sens des stoïciens, en regardant comme le plus noble empire celui qu'on peut prendre sur soi-même. Pour conquérir et pour garder cet empire, ne semble-t-il pas encore que le vieillard doive avoir plus de chances favorables que le jeune homme, et même le plus entreprenant et le plus vigoureux? A quelques égards, oui mon cher Eugene; à d'autres, non.

Dans un âge avancé, l'on a sans doute, pour obtenir cet empire, moins d'ennemis à vaincre, moins d'obstacles à surmonter; mais aussi les seuls ennemis qui restent à soumettre sont peut-être les plus violents et les plus opiniâtres. Ce sont de vieux préjugés ou d'anciennes habitudes. Quelque foibles que soient les obstacles, on est encore effrayé de leur puissance lorsqu'on se croit trop peu de forces, ou lorsqu'on n'a pas assez de courage pour en triompher.

Il n'en est pas moins vrai que l'innocente ambition d'un juste empire sur soi-même est, de toutes les ambitions, celle qui convient le mieux à la vieillesse, et celle qui doit la consoler de toutes les autres. Quoi qu'en dise la paresse ou l'humeur, il est peu de vieillards qui n'aient le loisir et les moyens de la satisfaire; car ce genre d'ambition, quelque rare qu'il soit à tout âge, suppose encore moins de qualités positives que de qualités négatives; et ces dernieres sont évidemment le partage le plus commun des dernieres époques de la vie.

Après le découragement et la mauvaise humeur, qui s'emparent si facilement de nous à l'âge des regrets et des privations, quand on n'en a su ni prévenir ni réparer les pertes, il n'est point d'ennemi plus à redouter qu'une triste et froide personnalité. Cette odieuse maladie résulte de deux causes assez opposées en apparence, mais dont l'influence n'en est pas moins la même, et qui très souvent encore exercent tour-à-tour sur nous un pouvoir également dangereux. La premiere est une indifférence absolue pour un monde et des relations que l'on se sent prêt à quitter ; l'autre, un attachement excessif au peu d'existence qui nous reste encore sur la terre. L'une et l'autre de ces dispositions nous isole entièrement, endurcit l'ame et la ferme aux plus doux sentiments d'intérêt et de compassion. On ne s'afflige guere des malheurs qu'on ne craint plus de partager. On ne se réjouit guere d'un bonheur qui ne sert plus qu'à rappeler celui qu'on regrette. On déplore foiblement la perte de ceux qu'on se voit prêt à suivre ; peut-être se félicite-t-on même de ne pas les avoir précédés, comme on avoit tout lieu de le craindre.

Le soin de conserver et de choyer autant que possible le peu de jours que peut espérer de vivre un vieillard très attaché à la vie, absorbe toute l'attention, tout l'intérêt dont il est encore susceptible. Rien au monde ne rend plus tristement personnel que l'opiniâtre persévérance avec laquelle la foiblesse de l'âge et les longues maladies accoutument l'esprit à s'occuper sans dégoût et sans ennui des moindres détails et des moindres vicissitudes de la vie terrestre, des mille et un moyens, ou réels ou chimériques, de rendre cette misérable vie un peu plus commode, ou d'en prolonger de quelques instants la pénible durée. Pour lutter contre l'influence habituelle d'une pareille manière d'être, on a besoin de toute l'activité morale d'une ame sympathique et bienveillante, de tous les mouvements d'une curiosité douce et sensible, l'une des dernieres passions de la vieillesse et la plus pardonnable de toutes lorsqu'elle n'est ni trop indiscrete ni trop importune, de toutes les habitudes enfin d'un caractere facile et sociable *. Avec l'aide de ces secours, il faut encore se répéter sans cesse qu'une vie trop isolée, trop concentrée, n'intéressant plus personne autour de vous,

(*) Les formes de l'usage du monde non seulement suppléent quelquefois les témoignages du sentiment de bienveillance que nous nous devons mutuellement, elles nous disposent encore à remplir les devoirs réels que ce sentiment nous impose, parceque, grace à l'habitude que nous avons contractée dès notre jeunesse de ces formes extérieures d'attention et d'obligeance, les devoirs mêmes à remplir nous coûtent moins de peines, d'efforts, et de sacrifices.

se prive ainsi d'une de ses meilleures garanties, et perd bientôt le seul charme dont elle pouvoit recevoir quelque prix, pour nous-mêmes aussi bien que pour nos relations les plus intimes.

Le plus sûr moyen de se consoler des regrets inséparables du dernier âge, c'est de ne rien négliger jusqu'au dernier moment pour en laisser à ceux qui doivent nous survivre. Ah! cette espece de vie après nous mérite bien autrement de fixer nos soins et nos vœux que les déplorables restes de celle que nous voyons prête à s'éteindre, et dont tous nos efforts ne sauroient retarder le terme fatal.

LETTRE VII.

Des torts particuliers à la vieillesse.

Hélas! c'est à l'âge même où bientôt on n'aura plus besoin de rien qu'il est le plus fâcheux d'être privé de ce qui pourroit adoucir et soulager le fardeau des derniers jours de la vie. Enchaînées l'une à l'autre, la vieillesse et l'infortune s'attristent et s'enlaidissent mutuellement; elles s'arrachent, pour ainsi dire, l'une à l'autre les seules consolations, les seules espérances qui rendroient la peine de chacune plus supportable, si la destinée n'avoit pas associé leurs miseres. Il faut qu'un vieillard sous les tristes livrées de l'indigence porte un caractere bien imposant et bien respectable pour ne pas offrir un spectacle aussi pénible que hideux, aussi révoltant que digne de pitié. Il semble qu'il y ait entre l'âge et la pauvreté je ne sais quelle discordance qui nous trouble et nous blesse encore plus qu'elle ne nous afflige. Est-ce à l'époque où l'on devroit recueillir le fruit de ses peines et de ses travaux qu'il faut se voir réduit à la plus accablante pénurie? Est-ce à l'époque où l'on devroit avoir acquis le droit de donner aux autres qu'il faut se résigner à ne plus vivre que des secours qu'on en pourra recevoir? Est-ce à l'époque où rien ne se répare que l'on se console aisément des pertes que l'on eût évitées avec plus de prudence, plus de modération ou plus d'activité?

Au nombre des devoirs à s'imposer de bonne heure pour se préparer à vieillir sans regret et sans peine, on ne sauroit donc négliger impunément celui de veiller à la conservation, si ce n'est à l'accroissement de sa fortune. « Qui ne gouverne pas, a dit

« le plus philosophe des rois, qui ne gou-
« verne pas avec ordre sa maison aura le
« vent pour héritage, et le fou sera servi-
« teur du sage de cœur. » Dans la jeunesse, emporté par le goût des plaisirs ou par quelque ambition plus noble et plus séduisante que celle des richesses, plein de confiance dans l'étendue des forces et des ressources dont on jouit, exalté par le courage qu'elles inspirent, on oublie facilement qu'un temps viendra, plutôt peut-être qu'on ne l'imagine, où ces forces et ce courage s'affaibliront sensiblement, où les besoins de tout genre, loin de diminuer, augmenteront sous beaucoup de rapports, et où les moyens d'y pourvoir deviendront de jour en jour plus embarrassants et plus difficiles.

Dans l'état de société tel qu'il existe depuis long-temps en Europe, un certain degré d'aisance est évidemment l'indispensable condition, comme la plus sûre garantie de notre indépendance individuelle; et cette indépendance est le premier bien de tout particulier, comme l'indépendance politique est le premier bonheur de toute nation digne de ce nom. Je ne concevrai donc jamais, mon cher Eugene, l'espece de philosophie qui pourroit faire dédaigner l'acquisition d'un avantage aussi précieux, et les soins nécessaires pour le conserver. M. de Voltaire, de toute la hauteur de son génie, ne craignoit point de descendre aux détails que pouvoit exiger la conduite de sa fortune, et ne croyoit pas manquer à son respect pour la gloire des lettres, en recommandant à tout jeune littérateur dont les talents l'avoient intéressé de tâcher d'abord de gagner ou de s'assurer au moins cinq à six mille livres de rentes. Il avoit donné lui-même un assez brillant exemple de la maniere dont on pouvoit réunir les faveurs de la fortune à celles des muses. S'il est trop difficile d'atteindre un pareil modele, à cet égard comme à tout autre, il l'est un peu moins de suivre son conseil; et c'est sur-tout en avançant en âge qu'on s'applaudira de l'avoir suivi, du moins autant que les circonstances auront pu le permettre.

Ce n'est pas pour avoir été moi-même trop heureux à cet égard que je le pense; mais je crois avoir d'ailleurs d'assez bonnes raisons pour me persuader qu'une des choses de la vie où l'on réussit le plus sûrement avec un peu de savoir faire, si l'on en a bien envie, c'est d'acquérir une honnête fortune, pourvu que l'on ne veuille pas devenir trop riche, et que l'on ne s'imagine pas non plus trop tôt l'être assez. Il fut un moment où, relativement aux ressources bornées de mon talent et de ma profession d'homme de lettres, j'avois gagné peut-être assez d'argent. Les temps de guerre et de révolution, dans lesquels j'ai vécu depuis, m'en ont peu laissé. Cependant je bénis le ciel, mon cher Eugene, d'avoir pu conserver ce qui me reste en ne déviant jamais d'un principe d'économie infiniment simple; celui de régler toujours ma dépense fixe fort au-dessous du revenu dont je pouvois disposer. Grace à l'heureux usage de cette maxime, les privations imposées par les pertes que j'avois essuyées ont été moins nombreuses et moins sensibles; une partie du moins de ces pertes s'est trouvée réparée par une suite de petites économies accumulées sans effort et presque sans projet. J'ai presque oublié si j'étois pauvre ou si j'étois riche. — Et c'est le vrai repos d'une douce médiocrité.

L'homme moral et l'homme religieux doivent se répéter sans cesse qu'il faut vivre comme si l'on avoit à mourir demain, mais arranger en même tems sa vie, autant que cet arrangement peut dépendre de notre prévoyance, comme si l'on avoit encore devant soi quelques siecles et même une éternité d'existence. En combinant heureusement ces deux dispositions, beaucoup moins contradictoires qu'elles ne le paroissent d'abord, on ne manquera point aux devoirs du moment présent, on n'en laissera point échapper le bonheur; mais aussi l'on n'anticipera jamais sur le bonheur de l'avenir, on ne risquera point d'en corrompre ou d'en tarir la source.

In medio consistit virtus. — In medio tutissimus ibis. C'est le fond de la morale d'Aristote; et plus on y réfléchit, plus on se persuade en effet que le mieux possible se trouve presque toujours entre deux qualités contraires, et que de leur accord résultent les plus grandes perfections auxquelles l'homme puisse atteindre. Dans la jeunesse, il faudroit tâcher de concilier un penchant assez naturel à cet âge pour la dépense et même pour une sorte de prodigalité, avec des habitudes d'économie, et si le mot étoit moins odieux, je le risquerois volontiers, avec quelques calculs d'avarice. La vieillesse, au contraire, privée de tant d'autres jouissances, en pourroit trouver encore de bien douces en se livrant aux sentiments généreux que les fruits d'une sage économie lui permettroient de satisfaire alors sans inconvénient. Ainsi le jeune homme, en prenant d'avance quelques dispositions de la vieillesse, s'épargneroit beaucoup de folies; et le vieillard, en revenant peut-être aux seules dispositions de la jeunesse qui puissent lui convenir encore, se rajeuniroit aussi bien réellement, et de la maniere la plus digne, la plus intéressante et la plus propre à faire respecter son âge et son bonheur.

La vieillesse dont l'infortune ne peut être attribuée qu'aux coups du sort, à l'injustice des hommes, n'en inspirera ni moins d'égards ni moins de vénération. Elle obtiendra même de la part de toutes les ames sensibles une espece de culte, si l'indigence où elle se trouve réduite n'est que le résultat d'illustres sacrifices faits à la gloire et à la vertu. Qui ne partage pas la sensibilité respectueuse avec laquelle cette noble Romaine du beau tableau de David s'incline devant Bélisaire en déposant son aumône dans le casque du héros ? Qui ne préféreroit cette auguste misere à la puissance du monarque ingrat dont il fut le soutien et la victime !...

LETTRE VIII.

Du genre de vie qui semble devoir convenir le mieux à la vieillesse.

Venio nunc ad voluptates agricolarum, quibus ego incredibiliter delector; quæ nec ulla impediuntur senectute, et mihi ad sapientis vitam proxime videntur accedere.... Me quidem non fructus modo, sed etiam ipsius terræ vis ac natura delectat.

CATO MAJOR.

« La vie champêtre me paroît la plus convenable « au sage; la vieillesse n'apporte aucun obstacle « aux délicieuses jouissances du cultivateur. « Mais ce ne sont pas seulement les fruits qu'on « retire de la terre, c'est sa force et sa nature « qui me ravissent... »

J'AI rêvé souvent, mon cher Eugene, au choix de l'état et du genre de vie où la vieillesse pourroit se flatter de trouver le plus de consolations et le plus de ressources. Il m'a paru que, du moins dans beaucoup de circonstances, rien ne devroit lui convenir davantage qu'une agréable retraite à la campagne, où, se voyant entourée des soins d'une famille intéressante et de la société d'anciens amis, elle pourroit s'occuper encore avec une activité calme et douce de la culture des champs et de la contemplation toujours nouvelle de l'inépuisable variété des merveilles de la nature. Ce ne sont pas de grandes spéculations sur le perfectionnement de l'agriculture que je voudrois conseiller. De pareilles entreprises sont trop pénibles, et le succès en fût-il moins douteux, elles exigent des efforts et des travaux qui ne sont plus à la portée de cet âge. Je vous dirai même en confidence que, malgré mon profond respect pour tout ce qui tend au progrès réel de nos lumieres, des arts, et des connoissances de tout genre, j'ai craint souvent qu'il n'y eût un peu d'exaltation et de charlatanerie dans l'extrême importance qu'on a prêtée de nos jours à la découverte de quelques machines et de quelques méthodes au moyen desquelles on croit forcer la terre à donner beaucoup plus de produits qu'elle n'est naturellement disposée à nous en offrir, lorsque nous nous bornons à la cultiver d'après les regles assez connues d'une expérience éprouvée depuis longtemps. Nos modernes Triptolemes voudront bien me pardonner encore de ne pouvoir comprendre qu'ils eussent fait faire un grand pas au genre humain vers la perfection indéfinie à laquelle ils aspirent, s'ils parvenoient jamais à multiplier au gré de leurs vœux et de leurs espérances la somme de foin ou de pommes de terre que peut rendre un terrain quelconque. L'excessive abondance des denrées même les plus nécessaires, comme une excessive population, n'auroit elle donc aucun inconvénient, aucun danger? Ce qui ne se trouve plus en rapport avec l'ordre naturel des choses et des circonstances n'est-il pas incompatible avec le bonheur et l'harmonie de l'ensemble. Le trop est encore plus sûrement l'ennemi du bien que le mieux.

On ne peut refuser un haut degré d'estime et de reconnoissance aux hommes qui font de grands sacrifices de temps, de peine, et d'argent, pour obtenir par leurs expériences agronomiques quelques résultats d'une application généralement utile. Mais peut-on être fort tenté de suivre l'exemple de ceux qui ne doublent et ne décuplent même, si l'on veut, le produit de leur propriété qu'en y jetant plus de valeur réelle qu'ils n'en pourront jamais retirer? Si je parviens encore à posséder quelque coin de terre dans ce monde, je tâcherai de le cultiver ou de le faire cultiver avec tout le soin possible; mais je me garderai de le tourmenter ou de me tourmenter moi-même pour essayer de m'enrichir par des récoltes qui pourroient finir tôt ou tard par me ruiner. Je commencerai par examiner le genre de culture auquel la nature de mon terrain se trouvera le plus propre, et c'est à ce seul genre de culture que je m'attacherai exclusivement. Mais, d'après mes goûts particuliers, je n'acheterai jamais ni la plus petite ni la plus belle campagne du monde, si je n'y rencontre pas un joli verger, un ruisseau dont le murmure me rappelle au moins la belle strophe d'Horace,

Quà pinus ingens albaque populus
Umbram hospitalem consociare amant
Ramis, et obliquo laborat
Lympha fugax trepidare rivo*.

Je ne fatiguerai point mes prés d'inondations trop fréquentes ni d'arrosages sou-

(*) Dans ce paisible asile « où le haut sapin et le « blanc peuplier se plaisent à mêler l'ombre hospitaliere de leurs rameaux, où l'onde fugitive s'éloigne à regret du bord sinueux qu'elle serre encore avec un doux frémissement. »

terrains, dans l'espoir d'y récolter quelques meules de foin de plus que mes voisins, et dont le prix m'indemniseroit à peine de la dépense faite pour les obtenir.

Un objet tout particulier de mon attention et de mes soins les plus assidus, ce sera mon potager. Je ne le laisserai point manquer des meilleurs engrais; mais je défendrai sévèrement de l'arroser jamais, comme on est dans l'usage de le faire en Suisse, de ces sales eaux qui, toutes fécondantes qu'elles peuvent être, n'en souillent et n'en empoisonnent pas moins le plus agréable et le plus salubre de nos aliments.

Si mes mains n'ont plus assez de force et d'adresse pour que je puisse émonder moi-même mes treilles et mes espaliers, je ne négligerai rien pour appeler à mon secours les soins les plus fideles et les plus intelligents.

Voilà les objets auxquels s'attachera principalement la surveillance de mes économies rurales. Comme je n'aurai rien entrepris qui soit au-delà de l'étendue bornée de mes moyens, cette surveillance m'intéressera sans trouble et sans fatigue. Loin de l'orgueilleux espoir d'être le bienfaiteur de la terre, je bornerai mon ambition à jouir de ses bienfaits. Et c'est en jouissant moi-même de ces dons si précieux, en tâchant d'en faire jouir tout ce qui m'entoure, que je ne cesserai d'en adorer et d'en bénir la source premiere.

J'ai remarqué dans plus d'un pays que par-tout où le peuple a pu s'élever à un certain degré de civilisation et de bien-être, par-tout où les propriétés convenablement divisées ne laissent au petit nombre des grands propriétaires ni le droit ni la faculté de disposer à leur fantaisie du travail et de la subsistance des autres, les terres sont toujours assez bien cultivées, sans que l'on ait eu besoin de toutes les instructions prodiguées par nos savants économistes, ni de modeles de culture plus dispendieux que véritablement utiles. Le besoin du travail et l'intérêt de la propriété sont les premiers maîtres en culture que je connoisse. Sous le rapport des avantages les plus essentiels de l'ordre politique, j'ose même penser qu'il suffit de ne pas surcharger les cultivateurs d'entraves et d'impôts, pour leur assurer le degré de prospérité qui leur convient, et le seul auquel ils puissent aspirer sans inconvénient, ni pour eux-mêmes, ni pour les autres classes de la société.

Je suis fort loin de vouloir déprécier ici les utiles recherches faites depuis un demi-siecle en France, en Angleterre, dans le nord de l'Allemagne, et plus nouvellement encore en Suisse, d'après les idées les plus libérales et les plus philanthropiques. Mais je crains, je l'avoue, l'exagération de tout système propagé avec un enthousiasme trop exclusif. M. Malthus, dans son excellent ouvrage sur le principe de la population*, a très bien prouvé qu'il faut favoriser l'accroissement des subsistances avant d'encourager celui de la population, pour ne pas augmenter dans la progression la plus effrayante les vices et les malheurs de l'espece humaine. Quelque évidence qu'il ait donnée à ce principe d'économie politique, seroit-il permis cependant d'oublier dans l'application qu'on en peut faire les mesures à prendre pour établir et pour conserver entre l'accroissement des subsistances et celui de la population l'espece d'équilibre nécessaire au mouvement de tous les autres ressorts de la machine politique, à l'exercice de la puissance ou de la force publique, au progrès de la richesse nationale et commerciale, à l'activité des différents genres d'industrie et de savoir, à l'heureux

(*) M. le professeur Prévost en a fait une traduction utilement abrégée, et l'a enrichie de plusieurs notes importantes.

emploi des facultés et des talents répartis par la nature avec autant d'abondance que de diversité, au développement enfin des arts, à qui nous devons tant d'utiles ressources, tant de jouissances agréables, et le plus doux charme des peines de la vie ?

Si vous ne pensez pas à cet égard comme moi, mon cher Eugene, je n'entreprendrai pas au moins dans ce moment de vous développer davantage les raisons sur lesquelles repose mon idée. Mais en revenant à l'objet qui nous occupe, je suis plus sûr de vous faire partager le desir que j'aurois dans ma retraite champêtre de consacrer la plus grande partie de mon temps, non seulement à la simple contemplation de ces beautés de la nature dont le charme nous frappe et nous touche bien plus aux champs qu'à la ville, mais encore à l'intéressante recherche de toutes les merveilles, de toutes les singularités, de toutes les harmonies que cette nature si sublime et si variée ne cesse d'étaler à nos yeux.

En comparant cette étude à celle d'autres sciences qui demandent une contention d'esprit beaucoup plus soutenue, comme les mathématiques et l'astronomie, ou qui nous transportent, du moins par le souvenir, sous l'empire orageux des passions et de l'imagination, comme l'histoire et la politique, vous avouerez, mon cher Eugene, qu'il n'est point d'étude qui puisse offrir tout à la fois et plus de calme et plus d'intérêt, qu'il n'en est par conséquent aucune qui puisse convenir davantage au genre d'activité dont la vieillesse paroît le plus susceptible.

Je regrette fort de ne pas m'être préparé plus jeune à cette espece de travail ou de bonheur. Il me semble aujourd'hui qu'on doit y trouver une source intarissable de réflexions consolantes, de douces surprises, et de paisibles jouissances. Il me semble que l'être le plus heureux de l'univers seroit celui qui, en étudiant la nature avec l'ingénieuse sagacité des Buffons, avec l'esprit observateur des Pallas, des Spallanzani, des Saussure , avec les méthodes lumineuses des Jussieu, des Linnée, y joindroit encore l'imagination douce et sensible d'un Bernardin de Saint-Pierre, l'ame religieuse et poétique d'un Châteaubriand. Tous les moments de la vie la plus solitaire ne seroient-ils pas heureusement remplis par des recherches que guideroient de si vives lumieres, par des méditations qu'animeroit un intérêt si profond et si pur?

Dirigez vers ce but, mon cher Eugene, une grande partie de vos loisirs et de votre application ; vous vous assurerez pour le dernier avenir de la vie un bonheur dont l'idée me console de celui que les devoirs et les distractions qui pesent encore sur mon existence actuelle ne me permettent plus d'espérer pour moi-même, du moins avant le terme où vont échouer tant de vœux inutiles, mais où recommence le vaste empire des plus nobles desirs, des plus sublimes espérances.

LETTRE IX.

Si, pour apprendre à vieillir sans regret, il ne faudroit pas commencer d'abord par apprendre à vivre long-temps.

— Exacto contentus tempore vitæ
Cedat uti conviva satur.

Hor., l. I, sat. 1.

Je voudrois qu'à cet âge
On sortît de la vie ainsi que d'un banquet,
Remerciant son hôte, et qu'on fît son paquet :
Car de combien peut-on retarder le voyage ?

La Fontaine, f. 1, l. viii.

Vous me demandez, mon cher Eugene, si, pour apprendre à vieillir sans peine et sans regret, il ne faudroit pas commencer d'abord par apprendre à vivre long-temps? Je pourrois vous renvoyer, pour faire cette étude, aux infatigables calculs de M. J. Sinclair, aux savantes instructions de M. Hufeland, à celles que le docteur Dufourmel vient de justifier si glorieusement par son exemple, en présidant avec une rare dignité les fêtes d'une loge de francs-maçons à l'âge de cent vingt ans.

Avant tout cependant ne vaudroit-il pas mieux examiner encore s'il n'y auroit pas autant d'inconvénient que d'avantage à prolonger la vie fort au-delà du terme ordinaire. L'ordre établi, depuis un grand nombre de siecles au moins, me paroît en général fondé sur des rapports assez convenables, et dans une liaison heureuse avec plusieurs grandes circonstances de l'humaine destinée. Nous passons communément, ce qu'on appelle la durée d'une génération, vingt-cinq ans, à terminer le développement complet de notre existence physique et morale. Durant cette premiere époque nous sommes très à portée de profiter des ressources accumulées par la génération à laquelle nous succédons. Il ne devroit, ce semble, tenir qu'à nous d'acquitter, dans une seconde époque de même durée, toute la dette contractée envers la société durant la premiere. La troisieme, un peu plus, un peu moins prolongée, ne suffit-elle pas pour recueillir et pour continuer même d'accumuler les résultats et les fruits du travail et de la peine des deux précédentes, afin de les transmettre fidèlement à la génération qui doit nous suivre?

Je crois observer dans cette disposition un commencement, un milieu, une fin, des parties bien distribuées, et dont les proportions aussi justes qu'équitables s'accordent merveilleusement à former un tout parfait, si du moins chaque partie de l'ensemble est tout ce qu'elle doit être pour répondre au but primitif de sa destination.

Je vous laisse, mon cher Eugene, le soin de distinguer dans cette opinion ce qu'il y a de positif d'avec ce qui n'est qu'hypothétique. Mais j'ose croire que vous finirez par y découvrir le germe de quelques idées consolantes et d'une application assez utile. Ma maniere d'envisager et la durée de la vie et les trois grandes sections dans lesquelles je la divise, ne seroit-elle pas très propre à disposer les hommes d'abord à se contenter de cette durée, quelque bornée qu'elle leur paroisse souvent, et puis encore à tâcher de faire de chaque portion de cette durée le meilleur usage possible?

Durant les trois époques auxquelles se trouve borné le cours accoutumé de la vie, nous pouvons espérer de conserver les relations les plus propres à donner à chacune le degré d'intérêt dont elle semble susceptible. Nous nous y trouvons entourés communément d'un assez grand nombre de contemporains, pour être à portée de choisir parmi eux des liaisons de sentiment et de société qui nous conviennent. Les rapports qui nous lient dans la premiere avec les générations qui nous ont précédés, dans la derniere avec celles qui sont appelées à nous succéder, peuvent contribuer également à notre bonheur. Mais est-il permis de l'espérer encore, lorsque ce dernier âge s'étend fort au-delà des limites ordinaires? Il ne reste presque plus alors aucune relation contemporaine. On se trouve tout à la fois trop loin de ceux qui furent avant nous, et beaucoup trop près de ceux qui comptoient nous remplacer. Pour avoir été beaucoup trop long-temps chez soi, l'on finit par y devenir étranger. Au lieu de continuer le voyage de la vie avec des compagnons qui craignent de nous perdre, nous le poursuivons, hélas! ou seuls ou précédés de parents et d'amis qui ne portent guere leur regard en arriere sans être, si ce n'est ennuyés, du moins étonnés de nous retrouver encore sur leur chemin *.

(*) Voyez, dans les Considérations sur l'esprit et les mœurs, de M. Senac de Meilhan, le triste

On a dit que la vieillesse étoit la derniere maladie de l'homme; je crois que naturellement c'est aussi la plus douce et la plus supportable; j'ose croire encore qu'il

tableau d'un immense hôtel qu'habitent quatre générations. Après nous avoir montré la bisaïeule octogénaire caduque et délaissée au rez-de-chaussée; son fils, de soixante-cinq ans, cassé, infirme, et chagrin, au premier; un étage plus haut le petit-fils, âgé de trente-six ans, causant avec sa femme sur le mauvais visage du pere; il nous fait monter encore un étage plus haut pour y voir un fils de dix-sept ans qui confie à son valet de chambre ses plaintes sur l'avarice et l'insensibilité du pere, du grand-père, et de la bisaïeule. «Le jeune homme dans son cœur, dit M. de Meilhan, conjure contre les trois races, tandis qu'un collatéral, logé dans un entresol, songe au grand bonheur qu'il auroit si quelque épidémie, ravageant la maison, faisoit disparoître les quatre générations. Il ne s'en occupe pas précisément, mais son imagination s'égare dans ce beau songe». Dans de pareils rapports, quel est l'âge dont on seroit tenté de préférer ou d'envier la destinée?

n'est pas impossible d'en charmer la peine et les ennuis. Mais toute maladie trop prolongée, dussions-nous parvenir même à nous y accoutumer parfaitement, n'en a pas moins l'extrême inconvénient d'embarrasser beaucoup ceux à qui le ciel imposa la tâche de la soigner, et trop souvent de leur devenir fort à charge*.

(*) La longévité qui dépasse le terme ordinaire de la vie est presque toujours une exception heureuse ; elle tient naturellement à des circonstances favorables, telles qu'une constitution robuste ou très saine, une maniere d'être douce et paisible, analogue du moins au caractere de cette constitution, puisqu'elle a pu la conserver et la maintenir si long-temps. Le premier résultat bienfaisant de ces exceptions pour l'économie générale des destinées humaines est de servir à voiler à nos yeux, dans la derniere époque de la vie, l'inévitable certitude du moment trop prochain qui doit la terminer. Ces exceptions étendent, si j'ose m'exprimer ainsi, la perspective de la vie ; à la faveur de cette illusion elles offrent toujours, même à l'homme le plus âgé,

Par toutes ces considérations, mon cher Eugene, je vous proposerois beaucoup plus volontiers de consulter nos illustres docteurs et bien mieux encore votre propre expérience, non sur les moyens les plus sûrs de prolonger la vie, mais sur les meilleures méthodes à suivre pour fortifier et pour conserver la santé du corps ainsi que celle de l'esprit,

Mens sana in corpore sano.

Il y a long-temps que j'ai entendu vanter pour la premiere fois le bon sens du mot de Tibere: Tout homme qui à trente ans ne sait pas être son propre médecin, ne mérite pas de vivre; et ce vieux adage cité

l'espoir de prolonger encore de quelques années la durée de son existence actuelle, et il jouit dans ce sens de chaque année, de chaque jour, au-delà de ceux que le ciel a comptés au plus grand nombre des hommes, comme d'une véritable conquête sur l'empire de la vie ou sur celui de la mort.

par Montaigne, quoique sujet à de grandes exceptions,

> Tenez chauds les pieds et la teste;
> Au demeurant, vivez en beste.

on auroit peut-être atteint une division assez complete, en partageant tous les malades en deux classes, ceux qui s'écoutent trop, et ceux qui ne s'observent pas assez. En s'attachant à quelques principes de médecine d'une expérience décidément éprouvée, en s'abstenant avec soin des aliments que la constitution particuliere de notre estomac ne sauroit supporter, en s'interdisant toutes les habitudes qui pourroient développer les dispositions vicieuses de notre tempérament, il est certainement une foule de maladies que l'on préviendroit sans beaucoup de peine, ou que l'on guériroit assez vîte sans beaucoup de science.

Les abus de la science n'ont pas été moins funestes en médecine qu'en politique. Le savant Barthès prétendoit que la fameuse découverte de la circulation du sang (*), grace aux applications si fausses et si multipliées qu'on en avoit faites dans la pratique de la médecine, avoit tué plus de monde qu'aucune de nos guerres les plus désastreuses. L'usage immodéré des purgatifs, d'une date beaucoup plus ancienne que la découverte du célebre anatomiste anglais, n'a pas causé moins de ravage. Et ces deux grands engins de la médecine vulgaire sont, pour la vieillesse sur-tout, de l'influence la plus redoutable; elle hâte le progrès des maux habituels de cet âge; elle ne peut manquer d'en augmenter la débilité naturelle. Excepté dans certains cas tout-à-fait indispensables, on prévient la nécessité d'avoir recours à l'un ou à l'autre de ces remedes; on y supplée aussi souvent par beaucoup de régime, par le choix des aliments les plus appropriés à

(*) Par Guillaume Hervey, mort en 1657.

la disposition particuliere où l'on se trouve, à la qualité de ses digestions et de son sommeil. Mais cette maniere de vivre suppose un sacrifice que l'on n'obtient pas toujours aisément de la vieillesse, celui des caprices de nos goûts et de nos fantaisies à ceux de notre estomac. Car la gourmandise est, comme on sait, une des dernieres sensualités auxquelles on tient encore long-temps après avoir été forcé de renoncer à beaucoup d'autres.

Quelles privations cependant ne devroit-on pas avoir le courage de s'imposer pour conserver et pour affermir la santé, cette premiere condition du bonheur de tous les âges, mais qui l'est plus essentiellement encore du bonheur de la vieillesse, dont elle est tout à la fois le soutien, la force, et, si j'ose m'exprimer ainsi, la seule grace, la seule qui puisse en voiler les foiblesses et les difformités!

Un vieillard bien portant, et que sa santé

laisse jouir de tout le repos et de toute la sérénité que répandent dans son ame les doux et nobles souvenirs d'une vie active et sobre, d'une vie employée utilement et pour lui-même et pour les autres, ne nous offre-t-il pas le spectacle le plus touchant? n'est-il pas en même temps une leçon vivante de la morale la plus consolante et la plus pure? La fin de sa carriere laisse une trace lumineuse qui, depuis la premiere aurore de nos destinées, conduit heureusement la pensée jusqu'au dernier but que ces destinées doivent atteindre et dans ce monde et dans un meilleur avenir.

LETTRE X
ET DERNIERE.

Conclusion.

Oui, mon cher Eugene, il est encore des goûts et des plaisirs pour la vieillesse ; il est des devoirs et des études qui peuvent, si ce n'est occuper très utilement son activité, du moins l'entretenir, l'intéresser, ou la distraire ; il est des soins et des égards qui peuvent la consoler des succès auxquels il ne lui est plus permis de prétendre, surtout si ces soins et ces égards ont été mérités par un digne emploi des jours de la force et du travail ; il est encore pour elle de tendres affections, fruits heureux de la plus douce et de la plus noble des passions du cœur humain, liens et gages sacrés du plus simple comme du premier bonheur de la vie, le bonheur domestique. Mais, hélas! par combien de chances funestes le vieillard même dont la vie fut le plus irréprochable, celui qui sembloit n'avoir rien négligé pour s'assurer ces dernieres ressources de l'humaine destinée avec autant de sagesse que de modération, par combien de chances funestes ne peut-il pas se les voir arracher au moment même où, devenues plus nécessaires à son existence, il avoit aussi le plus d'espoir d'en jouir paisiblement!

. Supposons cependant que le sort ou la Providence daigne l'en laisser jouir désormais sans aucune perte, sans aucune altération sensible, et jusqu'au dernier moment dans la plus parfaite tranquillité, le sentiment d'un bonheur si rare et si digne d'envie pourroit-il lui suffire?

Plus l'économie de sa vie entiere fut sage et heureuse, plus il en conserve encore de doux souvenirs, plus il lui reste encore d'affections pures et paisibles, de liens aimables et touchants qui l'attachent à son existence actuelle, plus ne seroit-il pas douloureusement frappé de l'approche inévitable du dernier terme où tous ces souvenirs vont s'effacer, où toutes ces affections vont s'éteindre, où tous ces liens vont se déchirer pour jamais, si, au-delà de ce terme fatal et dont chaque jour, chaque instant le rapproche si sensiblement, il ne voyoit qu'une obscurité profonde, éternelle, sans un seul rayon de lumiere et d'espoir?

Ah! c'est sur-tout pour le vieillard qu'il n'est point de bonheur sans la derniere espérance, la seule qui puisse nous consoler et des illusions et du néant de toutes les autres. Mais, grace au ciel, c'est aussi pour lui que cette espérance semble s'accroître à mesure que toutes les autres s'évanouissent. Le recueillement auquel cet âge est naturellement plus disposé donne aux méditations les plus propres à nourrir cette espérance un plus haut degré d'énergie, par la raison même qu'elles ont pour cet âge un plus haut degré d'intérêt. L'indulgente nature a bien voulu prendre soin de ménager dans toutes les époques de la vie un admirable accord entre nos opinions et nos besoins.

La vérité la plus élevée au-dessus de l'horizon vulgaire de nos idées semble suivre pour nous le cours merveilleux de l'astre du jour. C'est aux deux extrémités opposées du cercle borné de la vie, l'enfance et la vieillesse, que cette vérité céleste trouve l'ame plus ouverte à sa douce lumiere. C'est au moment où le soleil se leve, comme au moment où le soleil se couche, que sa clarté bienfaisante se rapproche de nous, qu'elle nous éblouit moins, et qu'elle nous touche davantage. Il en est de même de cette vérité si sainte et si consolante; ce sont ses premiers et ses derniers rayons que nous recueillons avec le plus de confiance et de bonheur.

Après avoir passé la plus grande partie de ma vie dans une alternative continuelle de peines et de plaisirs, depuis l'instant où l'éclat malheureux d'une imprudence philosophique m'eut banni de ma patrie pour sauver ma tête menacée de tous les anathêmes du fanatisme, de toutes les persécutions de l'envie républicaine, jusqu'à l'époque où la plus terrible des révolutions m'enleva les trois quarts de ma fortune et m'exila de ce doux pays de France, devenu ma seconde patrie, comment ne bénirois-je pas le ciel des paisibles destinées qu'il a daigné réserver à mes derniers jours! J'ai retrouvé dans ma vieille patrie une modeste aisance qui suffit à mes desirs et me laisse encore quelquefois assez de ressources pour faire un peu de bien. Je n'ai point perdu le goût des études qui m'ont occupé dès ma premiere jeunesse, et j'ai rassemblé dans ma petite bibliotheque les chefs-d'œuvre de la littérature ancienne et moderne, auxquels je dois encore aujourd'hui l'emploi le plus utile et le plus intéressant de mes heureux loisirs. Je suis encore sensible au charme des beaux arts, dont quelques doux souvenirs parent les simples lambris de ma tranquille cellule *. Je suis peut-être plus sensible que jamais, plus sensible au moins que je ne le fus durant un long intervalle de ma vie, aux touchantes beautés de la nature. Un beau jour est à mes yeux un vrai jour de fête; il me fait jouir de la variété romantique des sites ravissants dont ma retraite se trouve entourée avec un plaisir toujours nouveau. J'ai conservé dans les différents pays où j'ai vécu des liaisons qui

(*) Le charme des beaux arts, a dit un poëte allemand, est comme cet arc merveilleux qu'élève au haut des airs la rencontre subite de vapeurs orageuses et d'une lumiere céleste; il semble lier pour nous la terre avec les cieux, et nous transporte dans l'empire des plus sublimes espérances, des plus pures félicités.

sont encore cheres à mon cœur, dont je pourrois m'enorgueillir, mais dont il m'est plus doux d'oser me croire aimé. Le ciel m'a rendu dans cette vieille patrie d'où je fus banni si long-temps plusieurs amis de ma premiere jeunesse; et des évènements que j'étois loin de prévoir, ni même de pouvoir desirer, l'ont ramenée en ma faveur à des sentiments de bienveillance et d'estime qui me touchent encore plus qu'ils ne m'honorent. Après avoir atteint déja mon treizieme lustre, l'enchaînement de circonstances le plus imprévu m'a donné pour premiere et derniere compagne de ma vie l'objet adoré de mes premieres affections, l'amie de mon enfance et l'amie de ma vieillesse, celle que j'avois aimée à quinze ans comme je n'ai rien aimé depuis, et pour laquelle je n'avois cessé de conserver l'attachement le plus vif et le plus tendre, quoique la destinée eût mis entre nous des barrieres qui sembloient devoir m'en séparer éternellement.

Ah! sans avoir l'orgueil insensé de me croire quelque droit aux précieuses faveurs dont jouit ma vieillesse, ne serois-je pas trop ingrat de ne pas en reconnoître tout le prix? Eh bien! mon cher Eugene, il me semble que je n'en serois que plus malheureux si de saintes espérances ne venoient pas éclaircir la nuit de l'avenir dont l'approche frappe quelquefois si vivement mes regards et ma pensée. Plus on vit, plus on s'accoutume à vivre, plus on sent le doux bienfait de l'existence, plus on a sans doute horreur du néant. Comment s'arracher, sans espoir de retour, à des liens si puissants et si chers? Non, ce n'est point pour l'être que j'ai tant aimé, pour lequel j'éprouve encore des émotions si pures et si douces, que je ne serai plus bientôt qu'une cendre éteinte, une ombre vaine. Si le ciel permet qu'elle me survive, il lui donnera, j'ose l'espérer, la douce persuasion que je n'ai point cessé d'exister pour elle, que je veille encore au bonheur du reste de ses jours, et que nous nous rejoindrons dans un meilleur monde, où nos fautes et nos foiblesses seront effacées par une main céleste, où de pénibles doutes, après tout, le plus cruel des malheurs de cette vie, céderont à la plus heureuse certitude, comme le temps à l'éternité.

ENVOI.

Voici, mon cher, les considérations sur la vieillesse que m'a demandées votre amitié ; mais sans doute dans l'idée d'intéresser et de consoler nos loisirs bien plus que dans l'espoir d'y recueillir des instructions dont vous n'aviez aucun besoin. Ce n'est qu'après avoir achevé ce léger travail que je me suis permis de relire l'excellent traité que Cicéron nous a laissé sur le même sujet. Si j'eusse commencé par-là, vous croyez bien que la plume me seroit tombée des mains. Comment entreprendre d'imiter ce qu'on est trop sûr de ne pouvoir jamais atteindre. En tâchant d'exprimer naïvement ce que j'avois éprouvé moi-même, j'ai cru que mes propres réflexions guidées par la philosophie de nos jours, auroient toujours quelque intérêt de plus pour vous qu'une foible imitation du modele même le plus parfait. La seule raison que je puisse avoir aujourd'hui d'espérer que vous ne serez pas tout-à-fait mécontent de l'écrit dont j'ose vous offrir l'hommage, c'est qu'en relisant l'admirable dialogue de l'ami de Caton, que je n'avois pas relu depuis ma premiere jeunesse, j'ai découvert heureusement plus d'une idée, plus d'un rapprochement qu'on pourra me soupçonner d'avoir emprunté de lui. Je ne m'en plaindrai pas; mais vous me pardonnerez, si je ne m'en félicite pas moins de les devoir encore un peu plus à la vérité de mon sentiment qu'au bonheur de ma mémoire.

Z., ce 25 août 1809.

TABLE.

www.ingramcontent.com/pod-product-compliance
Ingram Content Group UK Ltd.
Pitfield, Milton Keynes, MK11 3LW, UK
UKHW021542260726
13993UKWH00002B/592

9 782329 469744